NIVEL 3

COLECCIÓN **LEER EN ESPAÑOL**

Marianela

Benito Pérez Galdós

SANTILLANA ESPAÑOL

Universidad de Salamanca

La colección LEER EN ESPAÑOL ha sido concebida, creada y diseñada por el Departamento de Idiomas de Santillana Educación, S. L.

La adaptación de la obra *Marianela*, de **Benito Pérez Galdós,** para el Nivel 3 de la colección, es de **Esmeralda Varón.**

Edición 1991

Coordinación editorial: **Silvia Courtier**

Edición 2008

Dirección y coordinación del proyecto: **Aurora Martín de Santa Olalla**

Edición: **Begoña Pego**

Edición 2009

Dirección y coordinación del proyecto: **Aurora Martín de Santa Olalla**

Actividades: **Lidia Lozano**

Edición: **Begoña Pego**

Dirección de arte: **José Crespo**
Proyecto gráfico: **Carrió/Sánchez/Lacasta**
Ilustración: **Jorge Fabián González**
Jefa de proyecto: **Rosa Marín**
Coordinación de ilustración: **Carlos Aguilera**
Jefe de desarrollo de proyecto: **Javier Tejeda**
Desarrollo gráfico: **Rosa Barriga, José Luis García, Raúl de Andrés**
Dirección técnica: **Ángel García**
Coordinación técnica: **Lourdes Román, Marisa Valbuena**
Confección y montaje: **María Delgado, Antonio Díaz**
Cartografía: **José Luis Gil, Belén Hernández, José Manuel Solano**
Corrección: **Gerardo Z. García, Nuria del Peso, Cristina Durán**
Documentación y selección de fotografías: **Mercedes Barcenilla**
Fotografías: A. Real; C. Jiménez; J. Jaime; S. Padura; A. G. E. FOTOSTOCK; COVER/CORBIS; FOTONONSTOP; HIGHRES PRESS STOCK/AbleStock.com; ARCHIVO SANTILLANA

Torrelaguna, 60. 28043 Madrid

En coedición con Ediciones de la Universidad de Salamanca

Dados Internacionais de Catalogação na Publicação (CIP)
(Câmara Brasileira do Livro, SP, Brasil)

Pérez Galdós, Benito —
Marianela / Benito Pérez Galdós. — São Paulo : Moderna, 2012.)

1. Ficção espanhola I. Título.

12-01039 CDD-863

Índices para catálogo sistemático:
1. Ficção : Literatura espanhola 863

ISBN: 978-85-16-08122-5
CP: 125159

SANTILLANA ESPAÑOL
EDITORA MODERNA LTDA.
Rua Padre Adelino, 758 — Belenzinho
São Paulo — SP — Brasil — CEP 03303-904
www.santillana.com.br
2020

Impressão e Acabamento: BMK Pró Indústria Gráfica Ltda.
Lote: 287112

Benito Pérez Galdós (1843-1920) es, con Clarín, el novelista más importante del Realismo español.

Su obra entera es el espejo de la España de la segunda mitad del siglo XIX. *Es este un tiempo especialmente difícil, un tiempo de cambios, en que España empieza a hacerse un país moderno al tiempo que ve aparecer nuevas ideas políticas (comunismo y anarquismo). Mientras tanto, las clases altas del país quieren volver al pasado. No hay acuerdo entre lo viejo y lo nuevo.*

Este es el mundo que encontramos en la obra de Galdós. Para este autor una novela debe ser «la historia del vivir, sentir y hasta el respirar de la gente». Así, nos presenta en sus obras el cuadro de la vida entera de los hombres de su tiempo, del más rico al más pobre.

Marianela, *una obra menor, fue sin embargo una de las novelas preferidas de Galdós. Es esta una novela de amor: la historia de un joven ciego y su amiga Marianela. Pero esta historia tiene como fondo el problema de la vida de los pobres y el trabajo en las minas del norte de España.*

Galdós fue autor de setenta y siete novelas y veintidós obras de teatro. De entre ellas, algunas de las más conocidas son Fortunata y Jacinta, *los* Episodios Nacionales, Tristana *o* Misericordia.

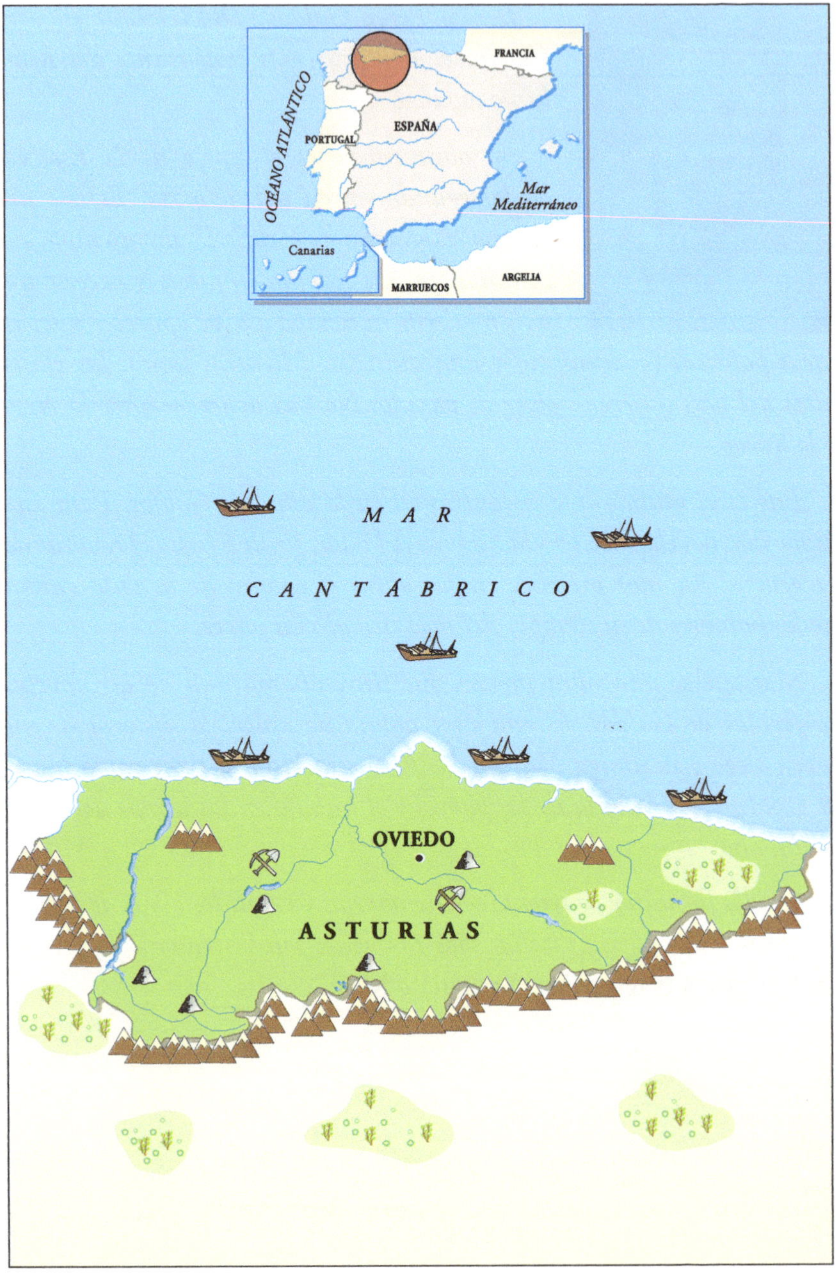
FRANCIA
OCÉANO ATLÁNTICO
ESPAÑA
PORTUGAL
Mar Mediterráneo
Canarias
MARRUECOS
ARGELIA
MAR CANTÁBRICO
OVIEDO
ASTURIAS

I

PERDIDO EN EL CAMINO

SE puso el sol. Llegó, tranquila y oscura, la noche y el silencio cayó sobre la tierra.

El viajero seguía adelante en su camino. Sin parar, sin cansarse, cada vez más deprisa, subía y bajaba por los difíciles caminos del norte de España.

Era un hombre de unos cuarenta años de edad, bastante alto y ancho de espaldas. Tenía un aspecto fuerte y parecía buena persona. Vestía un elegante traje de verano y llevaba sombrero.

Se quedó parado un momento, mirando nervioso a su alrededor. Parecía estar perdido.

–No puedo equivocarme –dijo en voz baja–. Me dijeron: «Siga adelante, siempre adelante», y así lo hice. Por aquí, pues, debo llegar a las minas[1] de Socartes.

Después de andar un largo rato, volvió a decir:

«Me he perdido, estoy seguro de que me he perdido.»

El paisaje[2] a su alrededor era ahora triste y gris: sin un árbol ni una planta..., solamente arena y piedras.

–Seguro que ya estoy en las minas... Pero por aquí no hay nadie. No oigo el más mínimo ruido, ni veo una sola casa. ¿Qué puedo hacer? Por ahí veo otro camino que vuelve a subir. ¿Lo cojo o sigo mejor por éste...?

La luna se escondía entre las nubes y el camino se perdía entre barrancos[3]. Teodoro Golfín decidió sentarse un rato y descansar. En ese momento oyó una voz de hombre que decía:

–¡Choto, Choto, ven aquí!

Golfín vio que venía hacia él un perro negro y grande. Su dueño lo llamaba desde lejos. El animal se acercó al viajero y volvió a marcharse, contestando así a las llamadas repetidas de su dueño.

Golfín gritó contento:

–¡Gracias a Dios! ¡Hola, amigo! ¿Puede usted decirme si estoy en Socartes?

–Sí, señor, éstas son las minas, pero estamos un poco lejos de las oficinas.

–Bien, amigo, muchas gracias.

–¿Va usted hacia allí?

–Sí, pero seguramente me equivoqué de camino.

–Ésta no es la entrada de las minas. La entrada está en Rabagones. Por aquí tardará más, porque estamos bastante lejos y el camino es muy malo. Pero no se preocupe, yo lo acompañaré con mucho gusto. Conozco estos sitios perfectamente.

El doctor[4] Golfín se levantó y se acercó al hombre que, tan amablemente, quería ayudarlo. Era éste un hombre joven y guapo, de unos veinte años de edad. Durante un rato, Golfín se quedó mirándolo con sorpresa.

–Usted...

–Soy ciego[5], sí, señor –dijo el joven–, pero conozco bien las minas. Yo ando por aquí sin problemas, como usted lo hace por la calle más ancha. Choto siempre me acompaña, y cuando no viene conmigo, lo hace la Nela. Así que no tenga miedo y sígame usted.

–¿Desde cuándo es usted ciego? –preguntó Golfín con interés.

–He sido ciego siempre. Sólo conozco el mundo por mi imaginación, por mis manos o por las cosas que escucho. Yo sé que los ojos de los demás no son como los míos. Sé que por sí mismos conocen las cosas. Poder ver me parece algo maravilloso, tan maravilloso que en realidad no consigo entender qué siente la gente que ve.

Anduvieron durante un tiempo. El viajero no dejaba de mirar a su alrededor.

Se encontraban en un lugar oscuro, lleno de sombras extrañas, profundo como el cráter de un volcán[6].

–¿Dónde estamos ahora, buen amigo? –dijo Golfín–. Esto parece un mal sueño.

–Esta parte de la mina se llama la Terrible –contestó el ciego–. Ahora nadie trabaja aquí. Hoy los trabajos se hacen en otras partes de la mina, más arriba. El paisaje es increíble, ¿verdad?

–Sí, es increíble... –dijo Golfín–. Me recuerda a los sueños que trae consigo la fiebre, cuando es muy alta.

Cuando salieron de la mina oyeron a alguien que cantaba. El ciego dijo a Golfín, sonriendo:

–¿La oye usted?

–¿Quién canta?

–Es la Nela, la muchacha que siempre me acompaña. Viene a traerme el abrigo, pero ahora ya no me va a hacer falta. Pronto llegaremos a mi casa. Allí lo dejaré a usted, porque mi padre se enfada cuando llego tarde a casa. La Nela lo acompañará a usted hasta las oficinas.

–Muchas gracias, amigo.

El doctor Golfín vio a la izquierda una casa blanca. Allí era donde vivía el joven.

–Allí arriba –dijo el ciego– están las tres únicas casas que quedan de Aldeacorba de Suso. Todo lo demás es ahora parte de la mina.

En ese momento se acercó corriendo hacia ellos una niña bajita y muy delgada.

II

EL DOCTOR GOLFÍN CONOCE A MARIANELA

NELA, Nela –dijo el ciego–, ¿me traes el abrigo?

–Aquí está –contestó la muchacha.

–¿Eras tú quien cantaba? –preguntó Golfín–. ¿Sabes que tienes una voz preciosa?

–¡Oh! Canta muy bien –dijo el ciego–. Nela, ahora vas a acompañar a este señor hasta las oficinas. Yo me quedo en casa.

–Sí, métase en casa pronto –dijo Golfín–, que aquí hace mucho frío. Muchas gracias por acompañarme. Espero que seamos amigos, porque estaré aquí algún tiempo. Yo soy el hermano de Carlos Golfín, el ingeniero de estas minas. ¿Lo conoce usted?

–¡Ah!..., ya... Don Carlos es muy amigo de mi padre, y también mío. Lo espera a usted desde ayer.

–Llegué esta tarde a la estación y me dijeron que Socartes estaba cerca. Como me gusta mucho andar intenté venir yo solo y, ya lo ha visto usted, me perdí en las minas. Bueno, ya es tarde, adiós. Esta señorita me acompañará hasta la casa de mi hermano.

Golfín siguió adelante con la Nela.

–Dime –le preguntó Golfín–, ¿vives tú en Socartes? ¿Eres hija de algún empleado?

–Dice la gente que no tengo padre ni madre.

–¡Pobrecita! Trabajas en las minas...

–Dime –le preguntó Golfín–, ¿vives tú en Socartes? ¿Eres hija de algún empleado?
–Dice la gente que no tengo ni padre ni madre.

–No, señor. Yo no sirvo para nada.

Teodoro se acercó para mirarla de cerca. Era muy delgada, demasiado delgada quizá. Tenía el cuerpo pequeño y débil de una niña de doce años, pero su mirada[7] era grave. En sus grandes ojos negros había siempre una luz triste que le hacía parecer mucho mayor. Tenía la cara delgada, una nariz graciosa y un pelo rubio oscuro casi sin color por culpa del sol y del polvo. Sus labios eran pequeños, tan pequeños que casi no se veían, y siempre estaban sonriendo. Pero su sonrisa se parecía a la de los muertos que han dejado de vivir pensando en el cielo.

Golfín le tocó la cara con la mano.

–¿Cuántos años tienes? –preguntó.

–Tengo dieciséis años.

–¡Dieciséis años! Tu cuerpo parece de doce. ¿De quién eres hija?

–Mi madre era vendedora en el mercado. Era soltera.

–¿Y sabes quién fue tu padre?

–Sí, señor. Mi padre trabajaba en el Ayuntamiento de Villamojada. Se ocupaba de encender y apagar los faroles[8] de las calles. Cuando se puso enfermo, mi madre no quiso cuidarlo, porque era muy malo. Dicen que mi padre se fue al hospital y que allí murió. Entonces mi madre se vino a trabajar a la mina. Pero un día el jefe la despidió porque bebía mucho...

–Y tu madre se fue...

–Sí, señor. Se fue a un barranco muy profundo que hay allí arriba y se tiró.

–¿Y ahora qué haces?

–Acompaño a Pablo.

–¿Y quién es Pablo?

–Ese señorito ciego a quien usted encontró en la Terrible. Yo lo acompaño desde hace año y medio. Lo llevo a todas partes.

–Pablo parece buen muchacho.

–Es lo mejor que hay en el mundo.

–¿Es de este país?

–Sí, señor. Pablo es el único hijo de don Francisco Penáguilas, un señor muy bueno y muy rico que vive en las casas de Aldeacorba.

–Dime, ¿y por qué te llaman la Nela? ¿Qué quiere decir eso?

–Mi madre se llamaba María Canela. Unos me llaman Marianela y otros nada más que la Nela.

–Y Pablo, ¿te quiere mucho?

–Sí, señor. Es muy bueno. Él dice que ve con mis ojos. Yo lo llevo a todos los sitios y le digo cómo son todas las cosas.

–¿Todas las cosas que él no puede ver? –preguntó Golfín.

–Sí, señor. Yo se lo cuento todo. Él me pregunta cómo es el sol y yo se lo describo. Yo le explico cómo son las flores, las nubes, el cielo, las personas y también los animales. Yo le digo si algo es feo o bonito, y así él lo aprende todo.

–Ya veo que tu trabajo no es pequeño. Pero, dime, ¿sabes leer?

–No, señor. Yo no sirvo para nada...

La Nela se quedó callada durante un momento.

–Entonces, ¿usted es el hermano de don Carlos, el médico que vive en las Américas y que cura los ojos? –preguntó de repente.

–Sí, soy Teodoro Golfín.

–¿Y cree usted que Pablo podrá ver algún día?

–Es difícil, pero no imposible.

–Bueno, señor, ya hemos llegado. Allí abajo, al final del todo, están las oficinas.

El doctor dio las gracias a Marianela por su ayuda y corrió hacia la casa de su hermano. La Nela se fue a la casa del señor Centeno. La casa tenía un aspecto moderno, pero no era elegante ni cómoda. Allí vivían el señor y la señora Centeno, los cuatro hijos, el gato y también la Nela. En la casa había sitio para todo y para todos menos para la pobre Nela, que siempre parecía molestar.

Durante los muchos años que vivió allí, nunca tuvo una habitación donde dormir. Siempre dormía en algún rincón sucio y oscuro, en la cocina o en algún pasillo. En la casa de los Centeno nadie la quería. Lo único que hacían por ella era darle un poco de comida cuando se acordaban. Nada más. Se preocupaban más del gato que de ella.

III

DON FRANCISCO PENÁGUILAS

A la mañana siguiente, la Nela salió muy pronto de su casa. Poco tardó en llegar a Aldeacorba. Allí se acercó a un señor con bigote, pelo blanco y una cara muy simpática. El señor se volvió hacia la casa y gritó:

–¡Hijo mío, aquí tienes a la Nela!

Don Francisco Penáguilas era un hombre bueno y uno de los más ricos del país. Desde la muerte de su mujer –hacía ya muchos años–, vivía solo con Pablo, su único hijo. Él era toda su vida y su mayor pena también. ¿Para qué quería tierras y dinero si su hijo no podía ver los campos verdes y los árboles llenos de fruta? ¿Cómo podía esperar ser feliz, si Pablo era ciego?

Todo lo que hacía don Francisco, lo hacía pensando en Pablo. Casi todas las noches, sentado a su lado, leía para él libros de todo tipo: de historia, de arte, de aventuras... «No quiero que mi hijo sea ciego dos veces», se decía siempre.

Cuando lo vio salir con la Nela, que, como todos los días, lo acompañaba, les dijo:

–No vayáis muy lejos. No corráis. Adiós...

IV

PABLO Y MARIANELA SALEN AL BOSQUE CON CHOTO

NELA –dijo Pablo–, hoy hace muy buen tiempo. El aire que corre es suave y fresco. El sol calienta pero no quema[9]. ¿Adónde vamos?

–¿Dónde quieres ir? –preguntó la Nela.

–A mí me apetece ir al bosque que está detrás de Saldeoro.

–Bueno, iremos al bosque –dijo Marianela–. Pero iremos despacio. No tenemos prisa.

–¿Cómo es la luz del sol, Nela?

–No te preocupes por el sol. Es muy feo. No podemos mirarlo mucho rato.

–¿Por qué?

–Porque duele.

–¿Sabes una cosa, Nela? Antes yo tenía una idea distinta del día y de la noche. Verás: era de día cuando la gente hablaba y de noche cuando la gente callaba. Ahora no pienso así. Es de día cuando tú y yo estamos juntos. Es de noche cuando no estoy a tu lado. No quiero estar nunca lejos de ti.

–¡A mí, que tengo ojos, me pasa lo mismo! –dijo la Nela.

La Nela cogió de la mano al ciego para cruzar un pequeño río.

–Si no te parece mal, podemos sentarnos aquí.

–Sí, muy bien... –dijo Marianela–. Choto, ven aquí.

Los dos amigos se sentaron a descansar.

–¡Este campo está lleno de flores!... –dijo la Nela.

–Cógeme algunas. Me gusta tenerlas en mi mano. Tú siempre dices que son muy bonitas.

–Aquí tienes una flor, otra, otra, seis: todas son distintas.

Pablo y Nela siguieron hasta la entrada del bosque.

–¿Qué haces, Nela? –preguntó el muchacho–. ¿Qué haces? ¿Dónde estás?

–Aquí –contestó ella, tocándole la espalda–. Estaba mirando el mar.

–¡Ah!, ¿está muy lejos?

–Está allí, al lado de las montañas de Ficóbriga –dijo la chica con voz alegre.

–El mar es grande, grandísimo, tan grande que podemos estar mirándolo todo el día y no verlo entero, ¿no es verdad, Nela?

–Sólo podemos ver un trozo muy pequeño.

–Ahora, mientras hablamos del mar, me viene a la memoria un libro que mi padre me leyó anoche. Era un libro sobre la belleza[10]. Decía que hay una belleza que no podemos ver ni tocar.

–Como la Virgen María[11] –dijo la Nela–, a quien no vemos ni tocamos. La idea que tenemos de ella no es ella misma.

–Así es. Pensando en esto, mi padre cerró el libro. Yo le dije: «Creo que hay una belleza que tiene dentro todas las bellezas posibles. Esta belleza es la Nela.» Mi padre se rió y me dijo que sí.

La Nela se puso roja, y no supo contestar a su amigo.

–Sí, tú eres la belleza perfecta que hay en mi imaginación. Nela, tú eres buena, dulce... Gracias a ti mis días no son tan tristes. Por todo esto, sólo tú puedes ser la belleza misma. Nela, Nela, dime una cosa: ¿no es verdad que eres bonita?

La Nela se quedó callada.

–¿No me contestas?

–Yo... –dijo la Nela en voz baja–, no sé... La gente dice que cuando era niña era muy guapa... Ahora...

–Y ahora también.

–Ahora, no sé...

–¿Qué estás haciendo ahora, Nela?

–Me miro en el agua, que es como un espejo.

–Tú no necesitas mirarte. Eres muy bonita.

–¿Bonita yo? Esa cara que veo en el agua es tan fea como dicen. ¿Seguro que ese libro dice que soy guapa?

–Lo digo yo, que sé toda la verdad.

–Entonces, ¿por qué se ríen todos de mí?

–Los ojos de las personas pueden equivocarse en muchas ocasiones. La gente no ve siempre la verdad, porque la verdad dice que tú eres guapa. Nela, Nela, ven aquí, quiero tenerte a mi lado y acariciar[12] tu preciosa cabeza. ¡Te quiero muchísimo!

De repente, Marianela dejó a Pablo y se fue corriendo. Algo extraño la llevó a mirarse otra vez en el espejo del agua. Pero, cuando se vio, empezó a gritar:

–¡Madre de Dios, qué feísima soy!

–¿Qué dices, Nela? Me pareció que hablabas.

–No decía nada. Estaba pensando... Sí, pensaba que ya es hora de volver a casa. Pronto será hora de comer.

Cuando llegaron a la casa, don Francisco Penáguilas estaba en el patio acompañado por dos hombres. Uno de ellos era don Carlos Golfín. El otro era el señor que la noche anterior andaba perdido en la Terrible.

–Aquí están –dijo don Carlos.

Los tres hombres miraban al ciego, que se acercaba.

–Hace rato que te estamos esperando, hijo mío –dijo don Francisco, tomando a Pablo de la mano.

–Entremos –dijo don Carlos.

–Sí, veamos este caso –dijo Golfín.

Don Francisco se volvió hacia Marianela:

–Mira, Nela, debes irte. Mi hijo no va a poder salir esta tarde. Pero antes Dorotea te dará algo de comer.

–Ay, Nela, veré tu cara y seré el hombre más feliz del mundo. No necesito nada más para ser feliz.

V

PABLO CUENTA A MARIANELA QUE PUEDE DEJAR DE SER CIEGO

AL día siguiente, Pablo y Marianela salieron otra vez a pasear. Cuando estuvieron lejos de la casa, Pablo empezó a hablar:

–Nela, tengo que contarte algo que te va a hacer feliz. Ya viste a esas personas que me esperaban ayer...

–Don Carlos y su hermano.

–Sí, don Teodoro. Es un médico famoso que ha vivido mucho tiempo en Norteamérica. Allí ha curado a muchos enfermos. Ayer estuvo hablando conmigo. Me preguntó muchas cosas y luego me miró los ojos durante un buen rato. Cuando se fueron él y su hermano, mi padre me dijo: «Pablo, tengo que decirte algo maravilloso. Ese hombre me ha dicho que puedes curarte[13], que quizá muy pronto podrás ver». No he podido dormir en toda la noche, pensando en las palabras de mi padre, en el médico, en mis ojos... Ay, Nela, ¿crees que es verdad? No me importa si sólo consigo ver unos minutos. Veré tu cara y seré el hombre más feliz del mundo. No necesito nada más para ser feliz. ¿No estás contenta?

Marianela no contestó.

–Podré ver, Marianela, podré ver... Tendré ojos, Nela, y entonces me casaré contigo. Estaremos siempre juntos, hasta la muerte... ¿No me contestas nada?

Marianela no podía hablar.

–Yo te prometo que te querré siempre. Y si Dios no quiere que yo vea, no me importa. También entonces serás mi mujer. ¿No me dices nada? ¿No quieres casarte con un ciego?

–Sí, claro que sí. Te quiero mucho, muchísimo –dijo la Nela–. Pero no tengas tantas ganas de verme. Quizá yo no soy tan guapa como tú crees.

Poco después, Pablo sintió sueño y se quedó dormido en brazos de su amiga.

VI

LOS HERMANOS GOLFÍN

TEODORO Golfín no estaba aburrido en Socartes. Pasaba muchas horas con su hermano y daba largos paseos por las minas y por los pueblos vecinos.

Los dos hermanos se querían mucho. Los unía[14] el recuerdo de las muchas penas pasadas juntos. Su familia era muy pobre y, desde pequeños, tuvieron que trabajar duro para abrirse camino en la vida.

Teodoro, que era el mayor, fue médico antes que Carlos ingeniero. Mientras su hermano terminaba de estudiar, estuvo a su lado, ayudándolo en todo lo que podía. Luego se marchó a América, donde trabajó muchos años como médico y se hizo rico y famoso. Ahora volvía a España, según él, a quedarse para siempre.

Ese mismo día, los hermanos Golfín volvieron a visitar a don Francisco Penáguilas.

–¿Qué piensa del caso de Pablo? –preguntó el señor Penáguilas al doctor.

–Es un caso difícil, pero no imposible. Puedo intentar una operación[15].

–¿Podrá ver mi hijo?

–¡Ah! ¡Es muy difícil saberlo!

–Si Dios quiere que mi hijo vea, pensaré que usted es el más grande de los hombres. La sombra de sus ojos ha hecho tristes mis días. Soy rico, pero ¿de qué me sirve mi dinero? Mi hijo no puede ver, ni trabajar... No conoce el mundo. Para él no hay otra vida que la vida de su imaginación.

–Pero su hijo es feliz.

–Sí, ahora sí lo es. Pero ¿sabe qué es lo que más me preocupa? Si yo muero, mi hijo se quedará solo. ¿Qué familia va a tener? Nadie querrá casarse con un ciego. Por eso, cuando usted me dijo que el caso de mi hijo podía tener solución, me hizo el hombre más feliz del mundo. Mire usted, don Teodoro, mi hermano Manuel me ha escrito una carta. Vea lo que dice: «Ahora que tu hijo va a curarse, podemos casar a mi Florentina con tu Pablito». Los espero a él y a su hija uno de estos días. Vienen a pasar un tiempo conmigo y a ver cómo sale la operación de Pablo.

–Entonces, ¿me da usted su permiso para operarlo? –preguntó el doctor Golfín.

–Sí, por favor.

–Entonces la operación será en octubre –dijo Golfín.

El señor Penáguilas invitó a los dos hermanos a cenar, pero éstos no quisieron quedarse. Carlos y Teodoro Golfín salieron de la casa acompañados de don Francisco, que sonreía nervioso.

VII

MARIANELA CONOCE A FLORENTINA

POCOS días después, Marianela salió sola a pasear por el bosque. De repente sintió que algo se movía a su derecha y creyó ver algo maravilloso. Era una mujer, pero no una mujer normal. La mujer que se cruzaba en su camino era la belleza perfecta. En ese momento, oyó una voz de hombre que decía:

–¡Florentina, Florentina!

–Aquí estoy, papá.

–Vamos, mujer –dijo el hombre.

Era don Manuel Penáguilas, el tío de Pablo. Don Manuel vio a la Nela.

–¡Pero si es la Nela...! Mira, Florentina, ésta es Marianela, ¿recuerdas que te hablé de ella? Es la chica que acompaña a tu primo en sus paseos. ¿Qué tal estás, Nela?

–Muy bien, don Manuel. ¿Y usted, cómo está?

–Yo, muy bien. Mira, ésta es mi hija.

Florentina venía corriendo en ese momento.

–Hija mía, ¿adónde vas? Las señoritas no corren así.

–No se enfade usted, papá. Ya sabe cómo me gusta andar por el campo.

–Si andas despacio a mi lado, también puedes divertirte. Ven aquí. La Nela nos explicará el camino para volver a casa, porque yo ya no sé dónde estamos.

–Tienen que ir por detrás de aquella casa vieja –dijo la Nela–. Pero, miren, aquí viene don Francisco a buscarlos.

–¡A casa, a casa...! –decía don Francisco–. Nela, vente tú también con nosotros. Tomaremos chocolate y, después, Pablo y tú podréis dar un paseo y enseñarle a Florentina Socartes. Hoy es el último día que don Teodoro le da a mi hijo permiso para salir.

VIII

LOS TRES JÓVENES SALEN DE PASEO

A mi prima le gustará ver las minas –dijo Pablo–. Nela, ¿quieres que bajemos?

–Sí, bajemos... Por aquí, señorita.

–Pablo, ¿paseáis mucho por aquí la Nela y tú? Esto es precioso. ¡Qué suerte tenéis de vivir siempre aquí!

Llegaron a la mina y se sentaron a ver los trenes que entraban en ella.

–¿Por qué no tiene la Nela un traje mejor? –preguntó Florentina–. Yo tengo muchos y le voy a dar uno.

Mientras decía esto, Florentina tocaba el vestido de la Nela.

–No puedo comprender por qué unos tienen tanto y otros tan poco. La Nela anda sin zapatos, mientras que yo... La Nela es muy buena, me lo has dicho tú anoche y me lo dijo también tu padre. Y, sin embargo, no tiene familia y nadie se preocupa por ella.

Marianela la escuchaba en silencio y sentía ganas de llorar.

–Pablo, óyeme bien: yo quiero ayudar a la Nela como a una hermana. ¿No dices que ella ha sido tu mejor amiga? ¿No dices que has visto con sus ojos? Yo me ocuparé de vestirla, de darle todo lo que una persona necesita para vivir. Le enseñaré mil cosas y así podrá ser útil en una casa. Si yo me quedo a vivir aquí, la Nela vivirá conmigo. Aprenderá a leer y a escribir y será en todo igual que yo. Entonces ya no será la Nela, sino una señorita de verdad.

El ciego le contestó:

–Florentina, tú no hablas como las otras personas. Eres muy buena.

Poco después de esto, Florentina se levantó para dar un pequeño paseo sola.

–¿Se ha ido? –preguntó Pablo.

–Sí –contestó Marianela.

–¿Sabes una cosa, Nela? Me parece que mi prima debe ser bonita.

–¡Es muy bonita! –dijo la Nela.

–No puede ser tan bonita como dices... ¿Crees que yo, sin ojos, no comprendo dónde está la belleza y dónde no está?

–No, no puedes comprenderlo... ¡Estás equivocado!

–Sí, sí..., no puede ser tan guapa.

Pablo parecía muy nervioso.

–Nela, mi padre me dijo anoche algo horrible... Me dijo que, si me curo, me casaré con Florentina.

La Nela no decía nada, sólo lloraba.

–Ya sé por qué lloras –dijo el ciego–. Pero no debes preocuparte. Mi padre no me pedirá algo que yo no quiero hacer. Para mí no hay otra mujer que tú en el mundo. Para mis ojos, si se curan, no habrá otra belleza que la tuya.

Florentina volvió de su paseo y, al poco rato, se fueron todos juntos a casa de Pablo.

–¿Sabes una cosa, Nela? Me parece que mi prima debe ser bonita.
–¡Es muy bonita!

IX

FLORENTINA VISITA LA CASA DE LA NELA E INTENTA SACARLA DE ALLÍ

LLEGÓ octubre y, con octubre, el día de la operación. Después de ésta, el enfermo estuvo unos días en cama, sin poder salir de su habitación. Don Teodoro no dejaba a nadie visitarlo. Sólo don Francisco podía ver a su hijo y cuidarlo[16]. La Nela iba a preguntar por el enfermo cuatro o cinco veces al día, pero nunca entraba en la casa. Muchas veces, Florentina salía a saludarla y daban juntas un paseo.

Un día, Florentina fue a visitar la casa de la Nela. Durante un largo rato se quedó mirando el sucio rincón donde dormía su amiga.

–No te preocupes, Nela. Muy pronto vas a venir a vivir conmigo. Entonces tendrás una cama como la mía, tendrás vestidos como los míos y comerás lo mismo que yo. Haré de ti una hermana. Serás en mi casa exactamente igual que yo.

La pobre Marianela no sabía qué debía sentir hacia Florentina. La señorita era muy buena con ella, tan buena que le era imposible no quererla. Pero también tenía miedo de ella. ¡Florentina era tan guapa y ella tan fea...! Seguro que Pablo iba a preferir casarse con su prima...

Durante aquellos días, los Centeno observaron que la Nela no comía. Estaba largos ratos sin hablar y hacía mucho tiempo que no cantaba ni de noche ni de día.

Ocho días después de la operación, Marianela fue a casa de don Carlos Golfín. Su mujer, Sofía, le dijo:

–¡Nela! ¿No sabes las últimas noticias? Hoy le han levantado la venda[17] a Pablo y dicen que puede ver algo. ¿Estás contenta? Ahora Pablo podrá casarse con su prima. ¿No es maravilloso?

Aquel día en el pueblo de Socartes nadie hablaba de otra cosa. Marianela no quería ir a visitar a su amigo. Toda la mañana estuvo paseando sola por las minas.

«No volveré allí nunca más. Mi vida se ha acabado. ¿De qué sirvo yo ahora? No volveré a ir a Aldeacorba... No quiero que Pablo me vea. No, no puedo volver...»

Cuando llegó a casa de los Centeno, se encontró a la señorita Florentina esperándola.

–Nela, querida hermana –dijo Florentina–, ¿por qué no has venido por casa en todos estos días? Ven conmigo. Pablo quiere verte. ¿No sabes que ya puede decir: «Quiero ver esto o aquello»? ¿No sabes que mi primo ya no es ciego?

–Ya lo sé –dijo la Nela, tomando la mano que la señorita le daba.

–Entonces, vamos allí, vamos ahora mismo. Pablo no hace otra cosa que preguntar por ti. Hoy don Teodoro le levantará la venda por cuarta vez. El primer día, ¡qué día...! La primera cara que vio fue la mía...

Marianela dejó caer la mano de Florentina.

–Venga, Nela, coge tus cosas y vámonos. ¿Has olvidado que te prometí algo? ¿O creías que era una broma, que no lo decía en serio? Pues era verdad. Nela, ahora puedes despedirte de esta casa. Dile adiós a todas las cosas que te han acompañado hasta ahora.

Las dos jóvenes salieron de la casa. Cuando estuvieron en la calle, Florentina le preguntó a su amiga:

–¿Por qué no has venido a vernos? Dime, Nela, ¿por qué callas? ¿No estás tan alegre como yo? ¿Qué te pasa? No estés triste, Nela, desde hoy tienes a alguien que se preocupa por ti. No seré yo sola, Pablo también te quiere. Me lo ha dicho esta misma tarde. Los dos te querremos mucho, porque él y yo vamos a ser como una sola persona. Pero, venga, tenemos que darnos prisa. Pablo quiere verte. Ahora él quiere ver todas las cosas y personas que antes estaban en sombras. Yo debí parecerle guapa, porque, cuando me vio, dijo: «¡Ay, prima mía, qué bonita eres!».

De repente la Nela se puso pálida. Florentina se acercó a ella y le dijo:

–¿Qué tienes? ¿Por qué me miras así?

–Señorita –dijo la Nela–, yo no la odio[18] a usted. No, no la odio... La quiero mucho, la quiero mucho...

–¿Odiarme? –dijo Florentina–. ¿Y por qué dices eso? Venga, Nela, levántate.

La Nela dijo llorando:

–¡No puedo, señorita mía, no puedo!

–¿Qué te pasa?

–No puedo ir allí.

–¿Por qué?

En ese momento la Nela se fue corriendo y desapareció en el bosque.

Largo rato después, Teodoro Golfín encontró a Florentina en el mismo sitio donde la dejó Marianela. Estaba llorando.

–¿Qué te pasa? –le preguntó el doctor.

Florentina le contó todo lo ocurrido y los dos juntos volvieron a Aldeacorba.

X

TEODORO GOLFÍN ENCUENTRA A MARIANELA EN LA MINA

ESA misma tarde, Teodoro Golfín salió con Choto a buscar a Marianela. La encontró cerca de la boca de una mina, mirando hacia el fondo. Parecía que quería tirarse.

–¡Nela, Nela!...

–Señor...

–Sube. ¿Qué haces ahí?

Marianela subió muy despacio hasta donde estaba Teodoro. Anduvieron un rato sin decir nada. A la mitad del camino, el doctor se sentó en el suelo, cogió a la Nela de la mano y le preguntó:

–¿Qué ibas a hacer allí?

–Yo..., ¿dónde?

–Sabes muy bien de qué te estoy hablando. Contéstame claramente. ¿Qué ibas a hacer allí?

–Allí está mi madre.

–Tu madre ha muerto. ¿Tú sabes que los muertos están en el otro mundo?

–Está allí –dijo la Nela.

–Y tú pensabas ir con ella, ¿no es eso? Pensabas quitarte la vida.

Esa misma tarde, Teodoro Golfín salió con Choto a buscar a Marianela. La encontró cerca de la boca de una mina, mirando hacia el fondo. Parecía que quería tirarse.

–Sí, señor. Pero, si yo quiero matarme, nadie tiene por qué decir nada. Mi vida aquí no vale nada.

–¿Qué ideas tienes de Dios, de la otra vida, de la muerte? ¿Pensabas estar mejor allí?

–Sí, señor. Quería ir con mi madre. Yo ya no quiero vivir. Ya no sirvo para nada.

–Quítate esa idea de la cabeza. Florentina, que es muy buena, quiere hacer de ti una amiga y una hermana. Ahora dime todo lo que sientes. ¿Has sido feliz en tu vida?

–Empezaba a serlo.

–¿Cuándo dejaste de serlo?

–Cuando usted vino –contestó la Nela.

–Pablo ve gracias a mí. ¿No te hace eso feliz?

–Mucho. Sí, señor, mucho –dijo la Nela llorando.

Golfín la miraba con pena.

–Pablo me ha dicho que te quiere mucho. Desde que se ha curado, no ha hecho otra cosa que preguntar por ti. La luz no sirve para nada si no sirve para ver a Marianela. Sí, Nela, eso dice todos los días...

–¡Para ver a la Nela! ¡No verá a la Nela!

–¿Y por qué?

–Porque es muy fea... Él podía querer a la hija de la Canela cuando sus ojos estaban cerrados. Ahora Pablo ya no podrá querer a la Nela.

–No puedes saber si le gustas o no. Él todavía no te ha visto. Yo te llevaré a casa.

–¡No quiero, no quiero! Ninguna cosa fea debe vivir.

–La belleza no es lo más importante. ¿Lo quieres mucho?, ¿lo quieres más que a todas las cosas del mundo?

–Sí, sí, señor.

–¿Y él te ha prometido algo?

–Me dijo que se iba a casar conmigo. Yo estaba muy contenta, no me preocupaba ser fea, porque él no podía verme. Pero ahora...

–Dime, ¿te gusta la idea de vivir con Florentina?

–¡Vivir con ellos, viéndolos juntos a todas horas...!

–Pero Florentina es muy buena, y te querrá mucho...

–Yo la quiero también, pero no en Aldeacorba –dijo Marianela–. Ha venido para quitarme a Pablo y él era mío, mío... Y ahora, ¿adónde voy yo ahora? Lo he perdido todo, todo, y quiero irme con mi madre.

–Ven aquí –dijo Golfín–. Voy a llevarte conmigo. Vamos, hace frío.

Tomó de la mano a Marianela. Ella se levantó y anduvieron juntos durante un rato. De repente, Marianela se quedó parada.

–¡Por favor, señor, no me lleve con usted!

La joven estaba enferma. Su cara estaba muy roja y sus manos frías. Golfín la cogió en brazos. Al poco tiempo, llegaron a Aldeacorba.

Golfín entró en la casa y llevó a Marianela a la habitación de la señorita Florentina. Todo estaba en silencio.

XI

PABLO DESPUÉS DE LA OPERACIÓN

UNOS días antes, cuando el doctor Teodoro Golfín quitó la venda a Pablo por primera vez, éste dio un grito de dolor. La luz le hacía daño en los ojos y él quería cerrarlos otra vez. Le asustaba ese blanco profundo que lo llenaba todo como una cortina de niebla. Con miedo, volvió a abrir los ojos y vio las caras de su padre y don Teodoro, acercándose a él.

–Ya ha visto usted bastante por ahora –dijo Golfín–, y volvió a ponerle la venda.

–Por favor, déjeme ver un poco más. Enséñeme algo bonito. La Nela..., quiero ver a la Nela... ¿Dónde está?

El doctor le quitó otra vez la venda.

–¡Oh, Dios mío! –gritó Pablo–. Esa mujer que estoy viendo ¿es la Nela?

–Es tu prima Florentina.

–Ah, mi prima... No puede haber belleza mayor que la tuya, Florentina. Eres como una música dulce y suave. Pero... ¿y la Nela?, ¿dónde está?

–Ya tendrás tiempo de verla –dijo don Francisco–. Ahora debes descansar.

Al día siguiente, Pablo pidió un vaso de agua y, al verlo, dijo:

–Sólo con ver el agua, me parece que estoy bebiendo.

Poco a poco, empezó a conocer todas las cosas, a distinguir[19] formas[20] y colores. Cada vez que veía a Florentina, su belleza lo llenaba de sorpresa. Todas las mujeres le parecían feas a su lado.

Al tercer día, Golfín le trajo un espejo donde mirarse.

–Ya has visto todas las cosas y personas de esta casa. Ahora debes conocerte a ti mismo.

–Ese soy yo... Me cuesta trabajo creerlo. ¿Y cómo puedo estar dentro de esta agua dura y quieta?, ¡qué cosa más extraña es el cristal! Pues no soy nada feo, ¿verdad, Florentina? ¿Y tú, cuando te miras aquí, te ves tan guapa como eres?

De repente, Pablo se quedó callado, pensando.

–¿Dónde está la Nela?

–No sé qué le ocurre a esa pobre muchacha –contestó Florentina–. No quiere verte.

–Es que es muy tímida y no quiere molestar. Yo la quiero mucho. Tengo muchas ganas de ver a mi buena amiga. ¿Sabe ella que ya puedo ver?

–No te preocupes, Pablo. Mañana iré yo misma a buscarla.

–Sí, hazlo, pero no estés mucho tiempo fuera. Cuando no estás conmigo, me siento muy solo. Mi padre me decía ayer que nunca encontraré a otra mujer tan guapa como tú, Florentina.

–¡Qué tontería!

–Sí, es verdad. ¡Y yo que pensaba que, sin ojos, podía comprender la belleza de las cosas...!

Al día siguiente, cuando Florentina entró en la habitación de Pablo, éste le preguntó desde su cama:

–¿Viene contigo la Nela?

–No. Fui a buscarla para traerla aquí, pero a mitad del camino se marchó corriendo.

–¿Y no la has buscado?

–¿Dónde? Se fue corriendo... Esta tarde saldré otra vez y la traeré aquí.

–No, no salgas. Quédate aquí conmigo. Ya vendrá ella sola, seguro.

XII

EL FINAL DE LA HISTORIA

CUANDO don Teodoro llevó a la Nela a casa de Francisco Penáguilas, la acostó en la habitación de Florentina. Era éste el cuarto más alegre de la casa. Por sus dos grandes ventanas entraba el sol de la mañana y el olor de las rosas del jardín.

Florentina, sentada en el suelo, se ocupaba en cortar un traje para Marianela. De vez en cuando volvía la cabeza hacia el sofá donde dormía la joven y observaba su sueño nervioso. Don Teodoro entró para ver cómo se encontraba la enferma.

–¿Durmió bien anoche? –preguntó a Florentina.

–Muy poco. Todo el tiempo la oí llorar. Esta noche tendrá una buena cama. Le van a traer una de mi casa en Villamojada. La pondré en ese cuarto que está al lado del mío.

En ese momento despertó la Nela.

–¿Qué te pasa? ¿Nos tienes miedo? –le preguntó Florentina dulcemente.

–No, señorita, miedo no. Usted es muy buena y el señor Teodoro también.

–¿No estás contenta aquí?

La Nela no contestó. Miraba muy seria a Florentina y al doctor Golfín.

–¿No quieres quedarte a vivir conmigo? –preguntó preocupada Florentina.

–Di que sí, Nela, o Florentina se enfadará.

–No se enfade, por favor –dijo la Nela sonriendo.

De repente, Marianela se puso pálida. Alguien se acercaba por el pasillo.

–¡Viene! –gritó nervioso Golfín.

–Es él –dijo Florentina, corriendo hacia la puerta.

Era Pablo que entraba despacio en la habitación. Venía riendo y sus ojos, libres de la venda, miraban hacia delante, hacia Florentina. Sin ver a Teodoro ni a Marianela, se acercó a su prima diciéndole:

–Primita, ¿por qué no has venido hoy a verme? He tenido que venir yo a buscarte. Tu padre me ha dicho que estás haciendo trajes para los pobres y por eso, sólo por eso, te perdono.

Florentina estaba muy nerviosa y no sabía qué decir.

–Don Teodoro no te ha dado permiso para quitarte hoy la venda. Eso no está bien –dijo por fin.

–Pero seguro que me lo dará después –dijo Pablo riendo–. Me encuentro muy bien y no puede ocurrirme nada. Además, ahora que te he visto, ya no me importa quedarme ciego otra vez.

–¡No digas eso!

–Estás tan guapa que me parece que es la primera vez que te veo. No sé cómo he podido vivir tantos años sin tenerte a mi lado.

–¡Primo..., por Dios!

–¿Sabes, Florentina?, yo creía que nunca iba a quererte. Yo creía que quería a otra mujer. ¡Qué tonto era! Gracias a Dios ahora sé la verdad. Mi padre me ha dicho que la mujer a la que yo quería era horrible. ¡Y ahora te estoy viendo tan maravillosa! Te veo y sólo quiero cogerte y encerrarte dentro de mi corazón.

–¡Doctor, por favor, dígale algo!

Teodoro gritó:

–¡Pronto, joven...! ¡Póngase esa venda en los ojos y márchese a su cuarto!

–¿Está usted aquí, señor Golfín? –dijo Pablo acercándose a él.

–Sí, estoy aquí –contestó muy serio Golfín–, y creo que debe volver a su habitación. Yo lo acompañaré.

–Yo me encuentro muy bien. Sin embargo, ya que usted lo quiere así, ahora mismo me iré. Pero antes déjeme ver esto.

Miraba el sofá donde estaba Marianela.

–Ya veo que Florentina ha recogido a una pobre. ¿Estás enferma? No te preocupes. En mi casa no te faltará nada. Aquí, al lado de mi prima, te vas a curar... Esta pobrecita está muy mala, ¿no es verdad, doctor?

Pablo se acercó al sofá y acarició la cabeza de Marianela. Al sentir su mano, la Nela abrió los ojos. Después sacó una mano morena y delgada y tomó la del señorito de Penáguilas. En la habitación se hizo un silencio grave y profundo.

–Sí, señorito mío, yo soy la Nela.

Lentamente, llevó a sus labios la mano de Pablo y le dio un beso..., luego un segundo beso. Después de darle un tercer beso, Marianela cerró los ojos y dejó caer su cabeza. Estaba muerta.

El tiempo dejó de correr. Los minutos parecían no tener final. Todos callaban mirando a Marianela. Pablo fue el primero en romper el silencio:

–¡Eres tú..., eres tú!

Florentina se acercó llorando y Golfín, volviéndose hacia Pablo, dijo estas horribles palabras:

–¡Usted la ha matado! Váyase, por favor.

–Morir..., morirse así, sin motivo... Esto no puede ser –dijo Florentina–. ¡María!, ¡Marianela!

Repitió su nombre dos o tres veces.

–No responde –dijo Pablo, horriblemente pálido.

Sin embargo, acercó sus labios al oído de Marianela y gritó también:

–¡Nela, Nela, amiga querida!

Florentina seguía preguntando:

–¿Por qué se ha muerto? No lo comprendo. ¡Dígame por qué, señor Golfín, usted que es médico!

–No lo sé. Yo sólo soy médico de los ojos. Yo no curo las pasiones.

–¡Nela!, ¿qué te he hecho yo? –decía Pablo llorando.

–Los ojos de Pablo han sido para él una vida nueva. Para Nela han sido sombra, dolor..., ¡la muerte! –dijo Golfín.

Florentina se puso a llorar, diciendo:

–Yo quería hacerla feliz, y ella no quiso serlo.

–Los ojos de Pablo han sido para él una vida nueva. Para Nela han sido sombra, dolor..., ¡la muerte!

ACTIVIDADES

Antes de leer

1. Antes de empezar la lectura de *Marianela*, fíjate en el título, observa las ilustraciones y responde estas preguntas.

   a. ¿De qué crees que trata la novela?
      - De un viaje en barco que hace Marianela.
      - Narra la historia de una chica que se va a vivir al campo.
      - Es una historia de amor entre dos jóvenes.

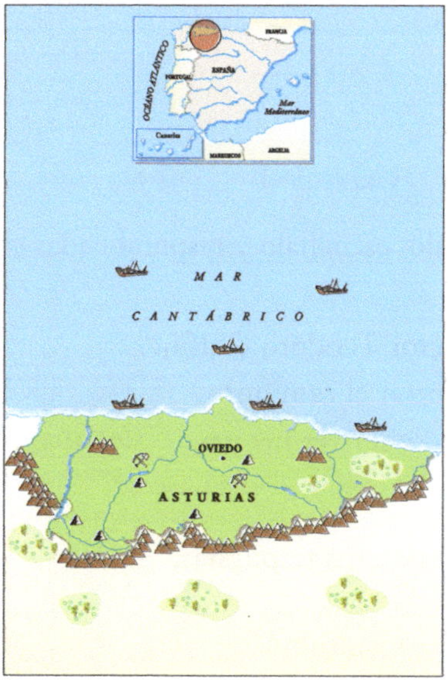

   b. Observa el mapa y di dónde se desarrolla la historia.
      - En el sur de España.
      - En el norte de España.
      - En las islas Canarias.

   c. ¿En qué tiempo y persona se escribe la historia?
      - En presente y en tercera persona.
      - En pasado y en primera persona.
      - En pasado y en tercera persona.

2. Estas son algunas de las palabras frecuentes en la novela. Relaciónalas con su ilustración correspondiente.

médico	ciego	felicidad	tristeza

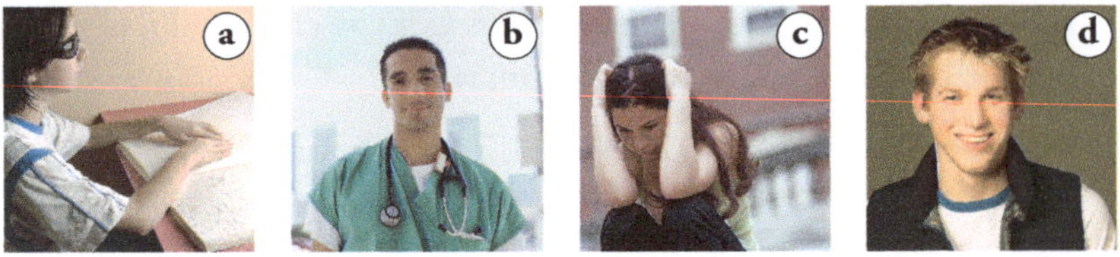

3. Busca en Internet información sobre la vida del autor de esta novela.

Durante la lectura

Capítulo I

4. 1 Antes de leer el capítulo, escúchalo y responde a las siguientes preguntas.
   a. ¿Adónde quiere ir el doctor Teodoro Golfín?
   b. ¿Quién le ayuda a encontrar el camino?
   c. ¿Por qué dice el joven: «Poder ver me parece algo maravilloso»?
   d. ¿Quién suele acompañar al joven en sus paseos?

5. Ahora, lee el capítulo y corrige tus respuestas.

Capítulo II

6. Antes de escuchar y leer el capítulo, fíjate en los siguientes lugares que aparecen en él y relaciónalos con su ilustración.

ayuntamiento	barranco	hospital	mercado	mina

7. 2 Ahora, escucha la narración e indica qué falla en las siguientes oraciones sobre ese capítulo.
   a. Pablo acompaña al doctor Golfín hasta la casa de su hermano.
   b. El padre de Pablo es ingeniero de las minas.
   c. Nela trabaja en las minas.
   d. Los señores Centeno son los padres de Nela.
8. Lee el capítulo y comprueba tus respuestas.

Capítulo III

9. 3 Antes de leer este capítulo, escucha la audición y escribe toda la información que entiendas sobre estos aspectos.
   a. El nuevo personaje que aparece en este capítulo.
   b. Su relación con el joven ciego, Pablo.
   c. Las causas de su preocupación por Pablo.
10. Ahora, lee el capítulo y corrige tus notas.
11. Escoge los adjetivos que definen a don Francisco.

antipático	atento	bondadoso	preocupado	tacaño

Capítulo IV

12. 4 Antes de leer este capítulo, escúchalo. Después, lee el siguiente resumen.

> Pablo y Nela salen a pasear por el sarti. Nela le describe a Pablo los elementos de la naturaleza: el sol, el campo, el mar. Pablo le dice a Nela que es muy bella y que la quiere mucho. Pero Nela se mira en el agua y se ve muy balura.
> Después de su paseo por el bosque, regresan a casa de Pablo, donde Francisco los está esperando.

Subraya las dos palabras de ese resumen que no existen en español y sustitúyelas por las palabras que has escuchado en la audición.

13. Lee el capítulo y comprueba si tu respuesta es correcta.

Capítulo V

14. Lee la siguiente información sobre este capítulo.
    a. Está muy contento.
    b. Que podía curarse.
    c. Casarse con Nela.
    d. No contesta.

    5 Escucha la audición y escribe las preguntas correspondientes a las respuestas que acabas de leer.

15. Ahora, lee el capítulo y comprueba si has acertado.

Capítulo VI

16. 6 Antes de leer este capítulo, escúchalo y responde las siguientes preguntas.
    a. ¿Cómo ha sido la vida de Teodoro y Carlos Golfín?
    b. ¿Qué le preocupa al señor Penáguilas sobre el futuro de su hijo?
    c. ¿Qué propone el hermano de Francisco Penáguilas en su carta?

17. Lee el capítulo y corrige tus respuestas.

18. Completa las oraciones con la relación familiar o de amistad que hay entre estos personajes.
    a. Francisco es el ____________________ de Pablo.
    b. Pablo es el ____________________ de Nela.
    c. Carlos es el ____________________ de Teodoro.
    d. Manuel es el ____________________ de Pablo.
    e. Florentina es la ____________________ de Manuel.

19. ¿Qué crees que pasará si Pablo deja de ser ciego?

Capítulo VII

20. 7 Antes de leer este capítulo, escúchalo y completa las siguientes oraciones.

a. Un día, Marianela salió a pasear por el ______________.
b. Allí se encontró con Manuel y su hija, ______________.
c. Nela piensa que Florentina es una chica muy ______________.
d. De camino a casa, se encuentran con don ______________.
e. Van todos juntos a su casa para tomar ______________.

21. Ahora, lee el capítulo y corrige tus respuestas.

Capítulo VIII

22. 8 Antes de leer este capítulo, escúchalo y después fíjate en esta escena.

a. ¿Quiénes son los dos chicos?
b. ¿Dónde están?
c. ¿De qué están hablando?

23. Ahora, lee el capítulo y comprueba si tus respuestas son correctas.

24. Ordena estas oraciones según el relato.

- ☐ Después, Florentina se va a dar un paseo sola.
- ☐ Pero Pablo quiere casarse con Nela.
- ☐ Cuando Florentina se va, Pablo le dice a Nela que su padre desea que se case con Florentina.
- ☐ Mientras pasean los tres, Florentina le dice a Nela que quiere enseñarle a leer y a escribir.
- ☐ Un día, Florentina, Pablo y Nela van juntos a pasear.

Capítulo IX

25. 9 Escucha el capítulo IX y después relaciona el inicio y el final de las oraciones.

1. En octubre, el doctor Golfín...
2. Después de la operación...
3. Nela...
4. El doctor Golfín...

a. ... Pablo podía ver.
b. ... no quería que Pablo la viera.
c. ... descubrió lo que le pasaba a Nela.
d. ... operó a Pablo.

26. Ahora, lee el capítulo y corrige tus respuestas.

27. Fíjate en este texto de la novela.

–Señorita –dijo la Nela–, yo no la odio a usted. No, no la odio... La quiero mucho, la quiero mucho...

Nela está luchando contra dos sentimientos opuestos. ¿Por qué?

Capítulo X

28. 10 Antes de leer este capítulo, escúchalo y escribe un breve resumen con los siguientes conectores.

cuando	pero	después	porque	finalmente

29. Ahora, lee el capítulo y corrige tu resumen.

30. Reflexiona sobre los siguientes aspectos de la historia.

a. ¿Qué crees que le pasará a Marianela?
b. ¿Cómo crees que reaccionará Pablo cuando la vea?
c. ¿Crees que el doctor Golfín podrá ayudarla?

Capítulo XI

31. 11 Antes de leer el capítulo, escúchalo.
¿Qué dijo Pablo tras la operación...
   a. ... cuando el doctor volvió a cubrirle los ojos?
   b. ... cuando vio a Florentina por primera vez?
   c. ... cuando le dieron un vaso de agua?
   d. ... cuando se vio por primera vez en el espejo?

32. Lee el capítulo y comprueba si tus respuestas son correctas.

Capítulo XII

33. 12 Escucha el capítulo. Después, fíjate en esta ilustración y explica qué ocurre.
   a. ¿Quiénes son las dos personas que aparecen en la ilustración?
   b. ¿Dónde están?
   c. ¿Qué le ocurre a la joven?
   d. ¿Cómo está el señor?
   e. ¿Qué crees que pasará después?

34. Ahora, lee el capítulo y comprueba tus respuestas.

35. Lee este resumen del final de la historia y busca en él dos palabras que expresan lo contrario de lo que pasa de verdad.

> Pablo expresa a Florentina sus sentimientos de odio. Él no sabe que la chica que está en la cama, en la misma habitación, es Nela. Pablo piensa que se trata de una persona pobre a la que Florentina está ayudando. Él se acerca a Nela, y esta le besa la mano. Nela muere de tristeza. Golfín le dice a Pablo que él la ha salvado.

Después de leer

36. Fíjate en los siguientes dibujos. Ordénalos según la historia y describe la escena que ilustra cada uno de ellos.

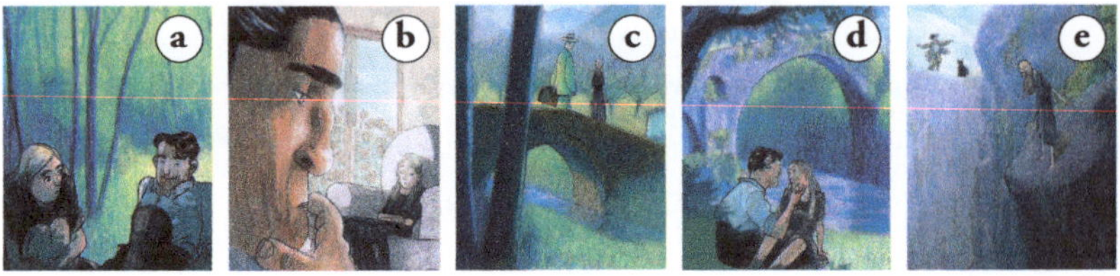

37. Explica tu punto de vista sobre lo que sucede en esta historia.
    a. ¿Cómo definirías la personalidad de Marianela?
    b. ¿Por qué crees que Marianela tiene esa personalidad?
    c. ¿Te parece que Pablo es un chico sincero con ella?
    d. ¿Por qué crees que Teodoro está preocupado por Marianela?
    e. ¿Cómo reaccionarías tú en la situación de Nela?

38. Busca información en la Red sobre las siguientes novelas de Benito Pérez Galdós, que son algunas de las más conocidas:

    La Fontana de Oro.

    Doña Perfecta.

    Fortunata y Jacinta.

    Compara su historia con la de Marianela.

SOLUCIONES

1. a. Es una historia de amor entre dos jóvenes.
   b. En el norte de España.
   c. En pasado y en tercera persona.
2. a. ciego.
   b. médico.
   c. tristeza.
   d. felicidad.
4. a. A Socartes.
   b. Un joven.
   c. Porque es ciego.
   d. La Nela.
6. a. mercado.
   b. barranco.
   c. mina.
   d. ayuntamiento.
   e. hospital.
7. a. Marianela acompaña al doctor Golfín hasta la casa de su hermano.
   b. Carlos Golfín es ingeniero de las minas.
   c. Marianela acompaña a Pablo.
   d. Marianela vive en casa de los señores Centeno.
9. a. El nuevo personaje que aparece es don Francisco Penáguilas, un señor muy bueno y muy rico.
   b. Es el padre del joven ciego, Pablo.
   c. Se preocupa porque Pablo no puede ver, y no puede disfrutar de las cosas que tiene su padre.
11. atento, bondadoso, preocupado.

12. Las palabras que no existen en español son *sarti*, que debe sustituirse por *bosque*; y *balura*, que debe sustituirse por *fea*.

14. a. ¿Cómo se siente Pablo?
    b. ¿Qué le ha dicho su padre?
    c. ¿Qué desea hacer Pablo?
    d. ¿Cómo reacciona Nela al saber sobre la operación?

16. a. Su familia era pobre y trabajaron mucho para abrirse camino en la vida.
    b. Que si él muere, su hijo se quedará solo.
    c. Que su hija, Florentina, se case con Pablo.

18. a. Francisco es el *padre* de Pablo.
    b. Pablo es el *amigo* de Nela.
    c. Carlos es el *hermano* de Teodoro.
    d. Manuel es el *tío* de Pablo.
    e. Florentina es la *hija* de Manuel.

20. a. Un día, Marianela salió a pasear por el *bosque*.
    b. Allí se encontró con Manuel y su hija, *Florentina*.
    c. Nela piensa que Florentina es una chica muy *guapa*.
    d. De camino a casa, se encuentran con don *Francisco*.
    e. Van todos juntos a su casa para tomar *chocolate*.

22. a. Pablo y Marianela.
    b. En el bosque.
    c. De las intenciones de Francisco de casar a Pablo con Florentina.

24. 3. Después, Florentina se va a dar un paseo sola.
    5. Pero Pablo quiere casarse con Nela.
    4. Cuando Florentina se va, Pablo le dice a Nela que su padre desea que se case con Florentina.
    2. Mientras pasean los tres, Florentina le dice a Nela que quiere enseñarle a leer y a escribir.
    1. Un día, Florentina, Pablo y Nela van juntos a pasear.

25. 1d; 2a; 3b; 4c.

27. Siente aprecio por Florentina, pero no desea que esta se case con Pablo.

28. Resumen modelo:

    Teodoro Golfín encontró a Marianela en la boca de una mina. *Cuando* le preguntó qué hacía allí, ella le dijo que no quería vivir más. *Después*, el doctor y la joven empezaron a hablar de los sentimientos de esta hacia Pablo y de su tristeza, *porque* Pablo se casaría con Florentina. El doctor Golfín quería llevar a Nela a casa, *pero* Nela no quería que Pablo la viera. *Finalmente*, el doctor Golfín acompañó a Nela a casa, y la llevó a la habitación de Florentina.

31. a. Por favor, déjeme ver un poco más.
    b. No puede haber belleza mayor que la tuya.
    c. Solo con ver el agua me parece que estoy bebiendo.
    d. Ese soy yo... Me cuesta trabajo creerlo.

33. a. El doctor Golfín y Marianela.
    b. En casa de Florentina.
    c. Ha muerto.
    d. Triste y pensativo.
    e. Respuesta libre.

35. Pablo expresa a Florentina sus sentimientos *de amor* [...]. Nela muere de tristeza. Golfín le dice a Pablo *que él la ha matado*.

36. c. Marianela acompaña al doctor Golfín hasta Socartes.
    d. Pablo expresa a Marianela sus sentimientos de amor.
    a. Pablo cuenta a Marianela que van a operarlo.
    e. Marianela quiere quitarse la vida.
    b. Marianela muere de tristeza y amor.

NOTAS

Estas notas proponen equivalencias o explicaciones que no pretenden agotar el significado de las palabras o expresiones siguientes, sino aclararlas en el contexto de *Marianela.*

m.: masculino, *f.:* femenino, *inf.:* infinitivo.

1 **minas** *f.:* excavaciones realizadas para sacar de la tierra minerales útiles para el ser humano, por ejemplo, carbón, oro...

2 **paisaje** *m.:* extensión de tierra que vemos desde un lugar determinado, que la naturaleza nos presenta (campo, montañas, etc.).

3 **barrancos** *m.:* paredes naturales de piedra que cortan verticalmente las montañas.

4 **doctor** *m.:* aquí, doctor en medicina, médico.

5 **ciego** *m.:* persona que no puede ver.

6 **cráter de un volcán** *m.:* un volcán es una montaña de la que sale humo, fuego y lava. El «cráter» es su boca.

7 **mirada** *f.:* manera de mirar, expresión de los ojos.

8 **faroles** *m.:* sirven para iluminar las calles por la noche.

9 **no quema** (*inf.:* **quemar**): no calienta demasiado.

10 **belleza** *f.:* carácter de lo «bello», de lo estético.

11 **la Virgen María** *f.:* la madre de Jesucristo.

12 **acariciar:** tocar suavemente.

13 **curarte** (*inf. en tercera persona*: **curarse**): recuperar la salud; aquí, poder ver.

14 **unía** (*inf.:* **unir**): mantenía juntos, de acuerdo en ideas y sentimientos.

15 **operación** *f.:* acción realizada por el médico o cirujano, con sus manos e instrumentos especiales, sobre el cuerpo de un enfermo para corregir su problema (quitar un órgano enfermo, coser tejidos, etc.).

16 **cuidarlo** (*inf.:* **cuidar**): ocuparse de una persona enferma, acompañarla y ayudarla.

17 **venda** *f.:* trozo de tela o gasa que se pone sobre una herida.

18 **no la odio** (*inf.:* **odiar**): no deseo su mal ni me alegro de sus penas, no siento antipatía fuerte hacia usted.

19 **distinguir:** aprender a conocer las cosas por sus diferencias.

20 **formas** *f.:* apariencias externas, contornos de las cosas.